사랑과 시작

사랑과 시작

권 박 시집

K POET

아시아

차례

사랑과 시작

POET

조력

나는

나를

사랑해, 바위, 골짜기, 빙하, 마멋, 단단하고, 깊고, 거대하고, 야자수 전나무 사이사이, 모면하지 않아서 단단하고, 깊고-깊고, 거대함을 파고드는 발톱, 더 행복해지기 위한 선택이 아닌 덜 불행해지기 위한 선택이었어, 도덕에도 명랑할 권리가 있는 걸, 명료하게 답 없음, 아무것도 할 수 없음, 이처럼 밝았던 적이 없음, 없음, 빛이 있는 방향으로, 방향이 있는 빛으로, 안부는 하양, 하양 발자국, 발자국의 확신, 확신, 울림……

조력

나는

나를

시작해, 무허가 허무가 범람해, 너무 건설적이지 않니, 무너지고, 무너지고, 추락하고, 용케도 무사해, 폐해? 알 게 뭐람, 엉터리, 건설, 명분 없이, 동원해, 강제 동원해, 동력을 어디서 얻을 것인지는 중요하지 않지, 특별 조치? 글쎄, 막 해보자는 거지, 묵묵히 살을 깎고 어떻게든 피의 활주로를 내고, 박수! 여름처럼 뜨겁게 응원해, 수박 맛있다, 그치, 권력자는 어쩜 잘 살기만 하는 걸까, 단념해, 나는 도약했다, 나를 귀소(歸巢)했다,

조력

나는

나를

시작해, 시작을 도와야지, 내가 나를 돕지 않으면 누가 돕겠니, 백지장도 맞들면 낫다는데, 도와야지, 봄여름가을겨울, 돕고 살아야지, 가벽이 백지장처럼, 가벽이 백지장처럼, 가벽이 백지장처럼, 가벽이 백지장처럼, 그때마다, 도움닫기야, 비지땀? 다른 사람도 흘려, 예시는 이해에 도움이 된다는데, 왜 아무런 도움이 안 되는 걸까, 그래도, 나는, 도왔다, 나를,

먹다

준,
엄마 이름은 준이다.
듣기에는 예쁜 이름.
여름의 시작에 파릇.
옛날 이름이? 싶은.

준,
뛰어난 사람이 되라,
대걸 준(俊). 밝아져라,
밝을 준(晙). 뜻깊게,
그게 뭐가 어렵다고.

준,
한자로는 대궁 준(餕).
이름에는 쓰지 않은,
제사를 지낼 아들이,
간절해서 지은 이름.

준,

준은 오늘 저녁에도,

먹다 남긴 밥을 먹는다.
제삿날인 것처럼. 신이,
내려준 축복을 먹듯이.
먹다 남긴 밥을 먹는다.

아니, 왜 먹다 남긴 밥을,
먹는데도, 눈칫밥을 먹어?

그래, 한때는 나누었지,
동봉한 술과 함께했지,
두루, 보존하게 하소서,
두루, 편안하게 하소서,

방식의 문제지.

먹다 남긴 밥, 혼자 먹고, 먹다 남긴 밥, 씹어 먹고, 먹다 남긴 밥, 데워 먹고, 먹다 남긴 밥, 태워 먹고, 먹다 남긴 밥, 말아 먹고, 먹다 남긴 밥, 끓여 먹고, 먹다 남긴 밥, 쪄서 먹고, 먹다 남긴 밥, 졸여 먹고, 먹다 남긴 밥, 긁어 먹고, 먹다 남긴 밥, 핥아 먹고, 먹다 남긴 밥, 꼭꼭 먹고,

다 먹었어?
먹방 찍어?
귀 먹었어?

한 방 먹이고 싶지만,
그 마음, 어떻게 먹나.

영국식 풍경정원.

구불구불 오솔길,
걷고, 걷고, 걷고,
호수네, 침엽수네,
걷고, 걷고, 걷고,
회복의 대상으로.
걷고, 걷고, 걷고,
자연스럽네, 틀에
맞게 관리되었고,
걷고, 걷고, 걷고,

쉬었는데.
다 쉬었는데.

월요일

파파야, 파파야, 열대야의 여름밤,
파파야 씨앗을, 머릿속에, 뿌리고,
초록-초록-초록-초록-노랑-노랑,
자라나는 파파야, 파파야, 끝없이,
이어지는, 여름에, 열대야의 밤에,

당신, 나를, 신경쇠약 직전이라고,

햇빛은 찬란하다
여름의 고정관념
예컨대 식물이지

초록이 익어가는
노랗게 샛노랗게

신의 이미지 같고

월요일 같은 거지
고기 없는 월요일

살아 있는 원숭이의 머리에 뜨거운 기름을
붓는 요리도 두부로 만들 수 있는 거지*

동물의 형상 두부
더없이 좋은 두부
신의 이미지 같지

월요일에, 월요일에,
쏟아지는, 거세지는,
빗소리가, 빗소리가,
힘처럼, 무관하지만,
시작,이라는 것처럼,

그 와중에

햇빛은 찬란하다
머릿속에 파파야
이어지고 이어져
열대야의 여름밤
여름밤의 열대야

당신, 오늘, 풋풋한 파파야에 마늘과 고춧가루를 버무려 무친 솜땀, 같이 먹지 않을래요?

* 〈금옥만당〉(1995).

다짐

성급했다. 저녁에는 성급했다.
아침에도 성급했다. 성급했다.
숨을 고르며. 성급했다. 그날.
그날. 성실했다. 사랑은 그래,
원래, 신인가. 신은 유일하다.
일요일에는 얼마나 확실한가.

확실하다. 가방은 확실하다. 확실한가. 그 가방에 없다는 것은. 확실하다. 가방만큼은 확실하다. 사랑에 영혼이 있다면 아름답고, 사랑에 신념이 있다면 위험하고, 사랑에 체계가 있다면 의심한다. 그는 말했다. 가방입니다. 그렇습니까? 보안검색대는 위험을 의심한다. 처음 여행을 떠나는 사람은 아름다운 것만 느낄 수도 있을 겁니다. 위험하다고 의심하는 것만은 아니지만. 보여주시겠습니까.

일요일

여왕의 침대는 즐거웠다.
늙은 신부는 기도하였다.
기관지에 염증이 생겨서,
가래가 낀 그 늙은 신부,
“내가 무엇을 할 수 있었겠습니까?” 확신한다.
신은 친절하다. 오늘 아침도 빌려주었으므로.
본래 아침은 추상적이다.
신부가 기도하는 이유다.
위에 있으며, 아래 있는,
여왕의 침대는 즐거웠다.

테이블에서 식사만 할 수 있는 것은 아니다.
얼마든지 즐거운 장면을 보여줄 수 있지만,
지금은 아니다. 지친 모습을 보여주는 것만은.
발톱이 두 갈래로 갈라진 짐승과 비늘이 있는
생선, 수중 생활을 하는 절지동물도 안 된다.

딱딱한 금기
철없는 바다
도시의 개들
금빛의 파리
날리든 말든

지금은 맑고 깨끗한
통째로 구운 양고기
특별한 그릇에 담은
누룩이 없는 빵조각
그리고 붉은 포도주

나는 매우 환영한다
반성하는 사람인 나
좋은 사람으로서 나
맑고 깨끗한 너만을

나는 매우 환영한다

관광지처럼
즐거우신가
지배층처럼
평화로운가
일요일인가

저기, 열 명의 성인 남자들이,

사과

나쁜 사과나무는 나쁜 사과들을 준다고 합니다.
당신의 식료품 저장실에 무엇이 있는지 압니다.

보고 싶지 않습니다.
감기 걸린 계단으로,

꼬이고 꼬인 연보라색 타래난초 화분들을 배경으로,

질질, 질질,
끌려가면서

떠있다
침대는
하늘과
들판은
흙색임

그는 사과에 못 박고
건강에 좋아요 건강에

몰고 온 호버크라프트
안에 가득가득 차있는
뱀장어 뱀장어 뱀장어

너무 익었다
뱀장어 수프
어떻게 할까

박힌 못을 골라내면서
건강에 좋아요 건강에

달팽이 더듬이
까칠까칠한 이

그래서 좋은데
슬라이스 치즈
같은 햇볕에도
그렇게 웅크려
기어다니잖아

좋잖아
기어다니는 꿈 작은 벌레가
작은 벌레가 기어다니는 꿈
횡재지

여자의 역사는 사과다 말하는
그의 식료품 저장실에서 나는
정확하게 나인 그대로 본떴다

예쁘다
저 파리, 파리 떼들,

작은 유리 알맹이들,
빛난다

부시다

금요일

그는 금요일에 결혼했다.

(경제적으로 합리적인 선택이었다.)

토요일에 집으로 갔다.

(문득 불합리하다는 생각에,)

일요일에 '손찌검 없는 가정폭력'을 검색했다.

(이번에는 합리적인 선택이었으면……)

월요일에 출근했다.

(그나마 합리적인 선택이었다.)

화요일에 요구당했다.

(불합리하다.)

수요일에 법원에서 결정문을 받았다.

(무조건 불합리하다.)

목요일에 물었다.

(금요일은?)

기념하는 날이다. 금요일은 기념하는 날이다. 금요일

은 신의 수난을 기념하는 날이다. 금요일은 희생과 사랑의 의미를 기리며 신의 수난을 기념하는 날이다. 금요일은 아무것도 먹지 않고 희생과 사랑의 의미를 기리며 신의 수난을 기념하는 날이다. 금요일은 자기 근신을 하면서 아무것도 먹지 않고 희생과 사랑의 의미를 기리며 신의 수난을 기념하는 날이다. 기념하는 것은 돌아보는 것이다. 돌아보는 것은 기념하는 것인가. 기념하고 있는가. 돌아보고 있는가. 그렇다면 오늘은 금요일이다.

식물

좋아 보이시네요
처음 듣는 말 오늘 처음 듣는 말 일주일 동안 처음 듣는 말 언제 들어봤는지 기억나지 않는 말

왜 따라갔냐고
물은 적 있다
따라가고 싶었다고 상관없었다고 그랬다고 그 순간은 그랬다고
왜 따라갔냐고
도대체 왜

그랬는지 알 것 같다

좋다는 말은
먼
동떨어졌다는
생각은 여전하다

방금 전 내게 말을 건넨 종교 같다 어떤 종교
혹은 식물 이를테면

관엽식물은 이국적인 햇볕
수중식물은 눈물 많은 사람
덩굴식물은 참 사근사근하고
다육식물은 적절히 독립적이고
지피식물은 필요할 때 내미는 손

식물을 키우는 사람은 좋은 사람이다
들은 적 있다
좋아 보이고 싶었구나 잘 살고 싶었구나 그랬구나 사실은 그랬구나
방금 전 알았다

층

이사를 결심하고 가방을 샀어.

가방을 사고 이사를 결심했어.

중요해?

중요해, 고양이 발자국과 코끼리 발자국의 중간, 단정지을 수 없어서, 초인종을 눌렀어,

(포도오렌지라즈베리피스타치오아스파라거스를 든, 파도, 다닥다닥후다닥후다닥파다다닥,) (캘리포니아, 캘리포니아니까, 별 뜻 없다니까,) (장어장화를 신고서) (엉덩방아를 찧고서) (완전한 지적들, 외곽순환고속도로를 달리고 있는 저 덤프트럭의 보닛에 매달아 보내고, 산타바버라 해변의 모래사장에서, 적당히 왕성한 태양에, 윙크,)

(감쪽같이) (능숙하게) 순간 사라진 얼굴을 어떻게 찾을

수 있을까, 증명할 수 없는 것을 증명하고 있는 내게,
불편은 스스로 해결하는 것이라는,

님,

(하품에 대고) 사과는 끝내 하지 않겠다고요? (대충에 대고) 쯧쯧입니다 (닫힘에 대고) ㅉㅉ!

가장 많은 사람

가장 많은 사람은 외면한다.

그런 일에는 외면하는 것이,
괴롭다 호소해도 그게 낫다.
유감이나 그럴 수밖에 없다.

가장 많은 사람은 안전한가.

나는 당연하게 결핍이 있다.
나는 가장 모르는 사람이며,
가장 많은 사람이기도 했다.

당신은 가장 많은 사람인가.

가장 많은 사람의 방식인가.
가장 많은 사람의 공간인가.
가장 많은 사람의 상징인가.

개베.

개베?

개베.

베개를 거꾸로 말한 거야?

새벽을 말한 거야.

새벽?

아빠가, 엄마가, 태어나고 살았었던 지역에서는 새벽을 개베라고 말한대.

뜻이 전혀 통하지 않는데?

뜻이 전혀 통하지 않는 것만은 아니야. 새벽을 베고 잠자듯. 그런, 느낌?

너, 시인 같다.

시인?

모르는데, 납득됐어.

새벽이 왜 개베가 되었는지는 모르겠지만.

너도 시골에서 태어났으니까 느끼나 보다.

포항이 시골은 아닌데.

그래도 서울은 아니지.

2여 년밖에 살지 않았는데?

그래도 태어나고 살았잖아.

그렇지만……

네 말 가끔 못 알아듣거든.

……

어느 새벽, 잠이 보여준다.

뽑힌 눈알들, 우물 안이다.

너, 다른 친구들이랑은 무슨 이야기해?

다른 친구들이랑 무슨 이야기하느냐고?

그래.

글쎄.

궁금해.

궁금해?

이해하고 싶어.

이해하고 싶어?

……

……

……

중학교 2학년 때 전학 온 남자애가 있었어.

응?

강원도에서 왔는데. 강원도 어디더라…… 대화해본 적은 없어서.

그런데?

어느 날 우리 반 남자애들이 한 명 빼고 다 학생부로 불려갔거든.

왜?

때렸대.

전학생?

그 애, 매일 소각장에서 우리 반 남자애들 모두에게 맞았다나 봐.

한 명은 불려가지 않았다면서.

다른 반 애들이 보다 못해서 신고했대. 신고는 많은데 우리 반에서는 한 명도 신고하지 않았나 봐. 남자애들은 모두 다 가담했고, 여자애들은 거의 알았는데 묵인하고. 학생부 주임 선생님이 남자애 한 명 불러다 면죄부 준다고 하고 불라고 했대.

넌 몰랐어?

난 몰랐어.

왜?

글쎄. 중학교 도덕 교과서 마지막 단원이 북한 관련이잖아.

응.

예시 사진 중에서 그 애랑 비슷해 보이는 사람이 있었거든.

아……

그 일이 있고 나서야 생각나더라. 도덕 수업 때마다 여기저기서 웃던 거. 퍽, 퍽, 퍽퍽, 동전 퍽치기도 도덕 교과서로만 하던 거. 당번 때만 갔던 소각장, 코를 막고 으으 눈을 찡그리고 갔던 소각장, 어떻게 생겼더라. 그 일이 있고 나서야 어쩌면, 그게, 그건가. 어쩌면……

못됐다.

글쎄.

못됐지.

정말?

그럴 만했으니까 그랬을 수도?

그럴까?

중학생이니까 그럴 수도 있겠다.

그런가.

우리 학교만 해도 그런 일 없지.

고등학생이라고 다른 게 있을까.

다르지.

그런가. (너, 내가 시골에서 태어났다고 알래스칸 말라뮤트 산책시켰잖아. 너, 내가 시골에서 태어났다고 김장하는 날 불렀잖아. 너, 내가 시골에서 태어났다고 생일 선물로 신던 신발 줬잖아. 너,

내가 시골에서 태어났다고……)

그렇지. 그런데 너, 여름 방학에는 뭐 할 거야?

어느 새벽, 잠이 보여준다.
뽑힌 눈알들, 우물 안이다.

산타바버라 해변, 새파란 하늘 뜨거운 태양 아래, 야자수, 바다사자, 야자수, 펠리컨, 야자수, 해달. 땀은 꿈처럼 투명하다. 산타바버라 해변, 새파란 하늘 뜨거운 태양 아래, 푸드 트럭, 치킨 타코, 푸드 트럭, 사워도우 샌드위치, 푸드 트럭, 피치미모사. 땀은 꿈처럼 투명하다. 산타바버라 해변, 새파란 하늘 뜨거운 태양 아래, 스케이트보드, 새빨간 지붕의 집, 스케이트보드, 오렌지 바람, 스케이트보드, 연보라 저녁. 땀은 꿈처럼 투명하다. 그런 여름감정. 그런 지역감정.

좋았겠지.

여전할까.

그런

어느 새벽, 잠이 보여준다.
뽑힌 눈알들, 우물 안이다.

포항 출신이던데. 중고등학교 어디 다녔어요?
포항에서 태어나 2여 년밖에 살지 않았는걸요.
그럼 출신이라고 할 수 없는데 왜 포항이라고?
그렇다고 서울 출신이라고 할 수는 없잖아요.
한국은 서울 인구 밀집도가 높아서 문제에요.

우물 안
서울 밖

불타는 캘리포니아.
불타오르고 불타서,
폐쇄된 산타바버라.

불타고 불타오르며,

확산되는 알 수 없는 기분. 불쏘시개 역할입니다. 꺼지지 않는 바람. 조심 또 조심해야 합니다.

어떻게?

어떻게요?

서울 안
우물 밖

포항. 잇단 산불.
위기. 심각 단계.
진화. 확인 바람.

어느 새벽, 잠이 보여준다.
뽑힌 눈알들, 우물 안이다.

그 시의 시작은
가장 많은 사람은 외면한다.
그 시의 시작은
개베.

그 시의 중간에
질척, 올챙이들은 어떻게 할 수 없다.
그 시의 중간에
풍덩, 개구리들은 어떻게 할 수 없다.

그 시의 마지막
끈적거리는……
그 시의 마지막
튀어나오는……

꿈은 법정 별로 출입구가 있는 법원 구조 같다.
안으로 들어가면 모든 출입구로 연결되어 있다.

해석의 몫인가.

왜 선명해지나.

꿈의 안팎이다.

옥수수

젖는 사람들

톱밥톱밥
후두두둑

텁니다
튀어나옵니다

흐리고 서늘하고
잦고 잦아들고

소리 지르세요
질러보세요

톱밥톱밥
옥수숫대

신처럼

보입니다.
봅니다.

벗깁니다.
껍질을 벗깁니다.

사람의 가죽을 벗기는 것처럼 벗깁니다.
벗겨진 껍질은 사람의 가죽과 같습니다.

그 자리,
그 자리,

말라버린,
말라버린, 땅.

총(塚)

간섭합니다.
사람입니다.

압니까, 다 압니까.

없습니다.
뼈입니다.

알 수 없다는 것을 알게 된 사람은 뼈처럼 단단해집니까.

환영합니다. 가장 많은 문의 도시입니다.
문을 열고 또 열고 잃어버린 죽음을. 네,

혼잡합니다.
얽혔습니다.
찾았습니다.

그 사람.

막막하고.
금빛처럼 막막하고.
막막하게 간절하고.
간절함이,
햇빛처럼 걸어가고.
그곳으로 걸어가고.

높아지고.
높아지고.
들킵니다.

처음 들킨 것은 아니지만 어색합니다.
생각해보니 짐작 가는 것이 있습니다.

올라갑니다. 거슬러 올라갑니다.
대대로 틀림없습니다.
부르튼 데. 부르튼 데. 물린 데.
합리적이고 불가피함.
파고들어볼까요? 속속히. 속속.
이제부터 분주합니다.

집니다.

질척질척 진 땅에서 이루어집니다.
도움이 되지 않는 말을 입에 담고,

없어집니다.
염려합니다.
해석합니다.

장소는 있습니다.

사람은 없습니다.
도울 사람은 있습니다.
이제부터 영원히 못 만날 것입니다.
그리고 나왔습니다.
왔습니다.

그 사람.

가장 적은 사람

선택받았다. 그 인간은 선택받았다.
선택받았다. 그 쌍들은 선택받았다.
선택받았다. 그 이동은 선택받았다.
선택받았다. 그 구원은 선택받았다.
선택받았다. 그 폭력은 선택받았다.

평안한가요. 생각해본 적 있어요. 그 정결한 짐승들로부터 벗어나는 것. 그 올곧은 비극으로부터 벗어나는 것. 뜨는 것. 그곳으로부터 뜰 수 있는 것. 남는 것. 살아남는 것. 전형적인 이야기인가요.

청계천

가로지른다. 서울을 가로지른다. 서울의 중심을 가로지르며 길을 이룬다. 길을 이루며 개발된다. 개발된 도로에 집이 가로수처럼 보도블록처럼 전신주처럼 들어선다. 빗방울의 속력처럼 들어선다. 계획적이다. 계획은 안전하다. 서울은 안전한가. 근대적 서울은 계획적이다. 물은 안전하게 복원되었다. 사람들은 본격적으로 안전한가. 물길과 사람이 만나는 지점, 그 지점에서 이어진다. 시위가 이어진다. 시위는 가로지르며 이어진다. 시위는 서울을 가로지르며 이어진다. 길이 된다. 팽팽하다. 시위는 불법이다. 불법은 시간과 장소와 목적에 따라서 계획적이다. 계획은 안전한가. 수위를 측정한다. 범람은 지대가 낮은 쪽에서부터 일어난다. 물에 시위가 난다. 일어난다. 서울을 가로지른다. 가로지른다.

동물원

살아 있다. 관심 있다. 뜻깊다.
인간적인 예문이다. 매한가지.
신이 인간의 성격을 분류하듯.
체계(體系)인가, 체계(逮繫)인가.

통계청

이동한다.
구름은. 바람은. 인간은.
징조인가.
인간은. 나무는. 대지는.
발달한다.
찬찬히. 찬찬히. 열심히.

오독인가.
어찌됐든,
이동한다.

통계청에 의하면 2021년 1인가구는 전체 가구의 33.4%이며, 2050년에는 39.6%에 이를 것으로 전망되었다.[1] 통계청에 의하면 65세 이상 1인가구의 비율은 2019년 19.5%, 2020년 19.8%, 2021년 20.6%로 집계되었다.[2] 통계청에 의하면 2021년 물가 상승률은

2.5%, 2022년 5.1%를 기록했다.[3] 통계청에 의하면 2021년 19~34세 청년 취업자의 40.9%는 2개 이상, 8.5%는 6개 이상의 일자리를 가진 것으로 등록되었다.[4] 통계청에 의하면 2021년 혼인 건수는 19만 2509건으로 처음으로 20만 건 이하로 떨어졌다.[5] 통계청에 의하면 2022년 전국 출생아 수는 24만 9000명이며, 합계출산율은 0.78명이었다.[6] 통계청에 의하면 2021년 10대부터 30대까지는 고의적 자해로 인한 사망 비율이 가장 높았다.[7] 통계청에 의하면 2021년 사회적 고립도는 34.1%로 3명 중 1명은 고립 상태에 놓여 있었다.[8]

당신도 혼자인가
그것도 이동이다
어떠한 징조인가
발달된 고독이다
고립되어 있는가
고유한 가치이다

열심히 오독했다
어찌됐든 당신도
구성된 인간이다
앞으로도 찬찬히
읽고 편찬하겠다

1. 통계청,「2022 통계로 보는 1인가구」, 2022.12.7.
2. 통계청,「장례인구추계(시도편): 2020~2050」, 2022.5.27; 통계청,「장래가구추계: 2020~2050년」, 2022.6.27;「독거노인비율」, 국가지표체계, 2023년 1월 2일 기준.
3. 통계청,「2022년 12월 및 연간 소비자물가동향」, 2022.12.30.
4. 통계청,「청년통계등록부」, 2022.12.20.
5. 통계청,「2021년 혼인 · 이혼 통계」, 2022.3.16.
6.통계청,「2022 인구동향조사 출생 · 사망통계[잠정]」, 2023.2.21.
7.통계청,「2021 사망원인통계 결과」, 2022.9.26.
8. 심수진 · 남상민, 『국민 삶의 질 2021』, 통계청 통계개발원, 2022.

대사관

우리들은 불친절한 공문을 받았다.

공식적으로 당신은 없는 사람이다.
비공식적으로는 대표하는 사람이다.

그러나 모르는 일이다.
미확인비행물체가 포착되듯.

알고 있다. 당신은 알고 있다. 당신은 그곳에 대해 알고 있다. 가깝고도 먼 그곳에 대해 멀고도 가까운 그곳에 대해 그러니까 그곳에 대해 당신은 알고 있다. 알고 있다. 그곳은 알고 있다. 그곳은 당신에 대해 알고 있다. 커브를 돌기 직전의 당신에 대해 커브를 돌고 난 후의 당신에 대해 그러니까 당신에 대해 그곳은 알고 있다. 끝끝내 커브를 돌아 도착한 당신은 알고 있다. 국적을 포기한다는 의미를 망명이 내포하는 바를 당신은 알고 있다. 거절 그리고 거절 계속되는 거절 끝에 발표되지 못한 시와 같은 운명인 당신은 알고 있다. 베낄 수 없는 진실에 대해 베끼고자 했던 당신은 떠나온 곳의 흙과 풀과 길을 뿌리내린 몸의 익숙함을 포기할 수 없다는 것을 알고 있다. 그러니까 당신은 있어야만 하는 사랑까지는 폐기시킬 수 없다는 것을 알고 있다. 함부로 부정하지 않는 당신은 알고 있다. 함부로 긍정하지 않는 당신은 알고 있다. 어떤 나라에서는 보안을 위해 그 나라의 건설 회사 중 한 곳을 선정해 설계하고 시공한다고 합니다. 어떤 나라에서 그 어떤 나라에서 우리들을 도청했습니다. 함부로 부정하지 않는 그곳은 알고 있다. 함부로 긍정하지 않는 그곳은 알고 있다. 관통당했다. 기차가 뚫린 터널을 뚫듯 관통당했다. 알고 있다. 그러나 모르는 일이다.

공무원

우울합니까.

캄캄합니다.

당연합니까.

호소합니다.

부족합니까.

부족합니다.

네, 식용유를 재활용하셨나요, 저런, 난로가 있으세요, 난로에 불을 피우셨어요, 뭐라고요, 백열등이 켜지지 않아서 초를 켰다고요, 촛대가, 어쩌다가, 수염을, 아니, 담배는, 왜, 그러시면, 창문을 여세요, 네네, 소금을 넣었다고요, 위험해요, 밀가루도요, 그럼요, 머리 염색은 하셔야죠, 모자를 쓰는 건 어떠세요, 수염 자르는 것도 힘드시죠, 어쩌죠, 비누도 사용하지 못하면, 향수는, 냄새가 더 난다고, 그런다고요, 중요하죠, 현관의 높이나 계단의 개수, 벽지 상태는, 괜찮으신가요, 중요하고 말고요, 세금인데요, 자녀가 없으신 거 맞으시죠, 그래요, 두려우실 수 있어요, 네, 네네, 오줌은 제대로 누시죠, 다시 말씀해주시겠어요,

당신이 숨 쉬는지,
숨을 쉬지 않는지,

요양원

유치원 자리에 요양원이 들어선다면서요.

그러잖아도 알아보려고 하던 참이었는데.

잘됐네요.

네. 잘됐어요.

이상해요.

이상해요?

일본어에는 노인어가 있거든요.

노인어요?

노인이 많이 쓰는 말이라는데요.

뭐, 그러니까 고어 같은 건가요?

네. 옛날의 기준은 뭘까 싶어요.

뭐, 호랑이 담배 피우던 시절만 옛날 옛적이겠어요. 어머님, 아버님만 쓰는 말도 노인어겠네요.

그렇죠. 그분들만 쓰는 말이 있죠. 그래서 쓸 일은 거의 없지만 배우기는 해야 되고.

배우느라 힘들겠어요.

나이 들수록 그렇죠. 아이랑 같이 배우기 시작한 건데……

못 따라가죠. 뭐, 나도 그래요. 뭐든.

그렇지요?

괴담 들어봤어요?

괴담이요?

어느 학교 운동장에나 바람 빠진 축구공이 있다는.

그러네요.

아이가 얘기해준 건데요.

농담조차 못 따라가겠다.

우리가 쓰는 말도 노인어가 되겠죠?

언젠가는.

그렇겠죠.

이상하다.

이상해요.

이상하네.

그러네요.

참!

네?

유치원 자리에 요양원이 들어선다면서요.

그러잖아도 알아보려고 하던 참이었는데.

잘됐네요.

네. 잘됐어요.

식물원

상상할 수 없다. 평범한 감탄을. 그 밖을.
살아 있는데도 살아 있지 않다는 그 사람을.
사랑이 지연되었다는 의미를. 뒤죽박죽을.
심장은 뛰고 있는데 마음을 돌릴 수 없다.
눈은 거짓말을 할 수 없는데. 보고 있는데.
침묵—외침. 할 말이 많았고—할 말을 잃었다.

수목장

빛밖에 없었다
빛발치는 빛에

빚졌다

빛더미
빛더미는 앉았다 주저앉았다
빛더미
빛더미는 차갑게 따뜻하게 내내
빛더미
빛더미는 봄여름가을겨울 손을
빛더미
빛더미는 내내 손을 잡고 있다
빛더미
빛더미는 그런 면이 평범하다
빛더미

빚더미는 보시다시피 환하다
빚더미
빚더미는 등을 보다 구부렸다
빚더미
빚더미는 빼곡한 나무 없는 길

종아리뼈 앞 모서리 쪼들렸다
무리였는데 왜 무리했냐고……
다만 관리되지 않는 숭고함에

사랑과 영원

같아
알 것 같아

때가 되었다 그때
떼가
구름
떼가
까마귀 떼가 누 떼가 개미 떼가 범고래 떼가 양 떼가
이리 떼가 개구리 떼가 벌 떼가
떼로
따뜻할 때 먹으렴
멍하니
멍하니

사랑과 산책

완벽한 산책자에게
사랑은 기능합니다
정성스레 불비하게
예사롭게 선선하게

그러니까 레몬
레몬 재배하기
오르막 내리막
공평하게 평평

할 수는 없지만
뻗어가는 그 외

사랑과 같다

사랑합니다.

말했다.

청합니다.

들렸다고 했다.

같은가. 같은 건가.

한다. 좋아한다. 쌓아두는 것을 좋아한다. 안에 쌓여 있는 귤. 청이 된다. 한다. 좋아한다. 스며드는 것을 좋아한다. 곳곳에 스며드는 나. 청이 된다. 문득 심장 박동. 그대로 둔다. 구르고 구르는 얼굴, 얼굴들. 나의 얼굴, 얼굴들. 너의 얼굴, 얼굴들. 청청하다. 나의 심장 박동, 너의 심장 박동.

시인 노트

아름답습니까

국립국어원에 의하면 '아름답다'의 어원은 아직까지 확실하게 밝혀진 바가 없다. 여러 가지 가설은 있으나 어느 가설도 증명되지 않았기에 정확한 의미는 알 수 없다. 알다[知]라는 동사 어간에 접미사 '-음'을 붙여서 쓴다고 하여 '알고 있다'를 뜻한다는 가설이 있고, 『석보상절』에서 표현된 '아답다' ("美ᄂᆞᆫ 아 · 다ᄫᆞᆯ씨니 풍륫 ᄌᆞ ᄌᆞᆺ 中에 ᄆᆞᆺ 잘 ᄒᆞᆯ씨라"(『釋譜詳節』 13:9, 1447))에서 유추하여 '나[私]답다'를 뜻한다는 가설이 있다. 어느 가설이 되었든 '아름답다'의 현재의 사전적 정의인 '보이는 대상이나 음향, 목소리 따위가 균형과 조화를 이루어 눈과 귀에 즐거움과 만족을 줄 만하다'보다는 마음이 간다. 그런 마음으로 두 번째 시집 『아름답습니까』(문학과지성사, 2021)를 집필했다.

나는 명명(命名)의 시인이다. 첫 번째 시집 『이해할 차례이다』(민음사, 2019)를 발표하면서 '권민자'라는 본명을 두고 '권박'이라는 필명을 사용하기 시작했다. 그 연유에 대해서는 시「마구마구 피뢰침」을 통해 전달하였다. 다음과 같이『이해할 차례이다』를 발간한 소감을 발표하는 자리에서 소회를 밝히기도 했다. "여성/여성작가 역사를 연구하며, 여자이기 때문에 이름을 없애야 했거나 남자 이름으로 살아야 했던 여성/여성작가들에 대해 주목하게 되었고, 이름이 여성/여성작가 역사의 키워드임을 알게 되었습니다. 여성을 넘어 작가로서, 쓰고 싶은 것에 대해 숙고해야겠다고, 쓰고 싶은 것을 쓸 수 있도록 노력해야겠다고 다짐했습니다. 그러므로, 이름을 없애고 아버지 성과 어머니 성을 같이 쓰자, 결정했습니다."

『아름답습니까』역시 이름에 관한 시집이다. 부모님은 첫째인 내가 딸이라는 이유로 이름을 지을 권리를 박탈당했다. 그 일에 죄책감을 느꼈던 터라 둘째는 본인들의 마음을 담고 싶었단다. 아름다운 이름을 짓고 싶었단다. 그래서 아름다울 아(婀)를 생각하게 되었는데 여자를 뜻하기만 하고 다른 뜻은 없지 않은가. 그건 아니다 싶었단다. 아름답다는 것이 여자만 뜻하는 것은 이상하고 납득되지 않았단다. 그래서 아름답다는 뜻도 포함하고 있는 맑고 바를 아(雅)를 쓰게 되었단다. 그렇게 맑게, 바르게, 아름답게 동생의 이름이 탄생했다. 맑은 형태의 아름다움. 바른 자세의 아름다움. 규범에 맞는 아름다움. 알고 있는 아름다움. 나다운 아름다움. 나는, 너는, 우리는 어떤 식으로 아름다워질 수 있을까.

세 번째 시집 『사랑과 시작』은 『이해할 차례이다』, 『아름답습니까』의 연장선에서 확장하여 여성의 역사와 여성의 현실에서 나아가 인간에 대해서 쓰고자 했다. 평소 의문을 가졌던 신의 영역을 사랑을 통해 풀어나간 것은 인간을 보다 이해하고자 하는 노력에서 비롯된 것이다. 한편, 명명의 영역도 확장하여 지역명, 기관명을 주제로 쓰고자 했다. 명명에 대해 접근하는 방식에 어려움을 느낄 때가 있다. 아직도 이해하지 못한 부분이 많지만 솔 크립키(Saul Aaron Kripke)의 『이름과 필연 Naming and Necessity』(정대현·김영주 공역, 필로소픽, 2014)에 많은 도움을 받고 있다. 펼쳐보는 어려움에 감사한다.

나의 시를 읽는 독자들이 아름답기를 바란다.

시인 에세이

나는 시인입니까

『문학과사회_하이픈』 2022년 가을호의 특집은 '문학적 경험'이었다. '문학적 경험'이라는 말의 본질과 성격을 해명하는 일은 쉽지 않은 문제라는 것, 그럼에도 어떤 계기를 통해 '문학적 경험'을 하게 되었으며 그것이 어떤 가치가 있는지를 산문으로 풀어주기를 부탁한다는 청탁서를 받고 '문학적'이라는 말을 어떤 식으로 규정할 수 있을지 고민했다. 그 지면에 「마더Mother: 나는 어떻게 쓸 것인가」를 발표하고 나서는 다른 방식으로 고민을 이어나갔다.

'문학적'의 사전적 정의는 '문학과 관련되어 있거나 문학의 특성을 지닌 것'이다. '시적'의 사전적 정의는 '시의 정취를 가진 것'이고, '소설적'의 사전적 정의는 '상상력과 구성력을 가미하여 사실이나 허구의 이야기를 쓴 것, 또는 그렇게 쓰인 산문 문학과 관련된 것'이다. 관련되어 있다는 것은 관계는 있으나 그 자체는 아님을 의미한다. 요컨대 '문학적'이라는 말은 문학과 관계는 있으나 문학이 될 수 없고, '시적'이라는 말은 시와 관계는 있으나 시가 될 수 없으며, '소설적'이라는 말은 소설과 관계는 있으나 소설이 될 수 없다. 한국인의 칭찬 밈(Meme)이 있다. 굉장한 사진을 보고 그림 같다고 하고, 굉장한 그림을 보고 사진 같다고 하는 것이다. 물론 다른 문제이긴 하다. 그러나 이는 내 머릿속에서 '문학적'이라는 말을 규정해 나가는 과정에 있다. 같지 않는데 같다고? 같은데 같지 않다고? 이 문제를 어떤 식으로 설명할 수 있을까? 그러던 차에 사카키 쓰카사의 『여자적 생활』*을 흥미롭게 읽었던 이유에 대해 생각하기에 이르렀다. 생활의 방식, 사랑의 방식을 풀어나가는 방법이 내가 찾고 있던 부분과 맞닿아 있었던 것도 있지만, '여자적'이라는 말이 '문학적', '시적', '소설적'보다 명쾌했다. 익숙하면서도 낯선, 낯설면서도 익숙한 명쾌함이라니!

「마더Mother: 나는 어떻게 쓸 것인가」는 엄밀하게 말하면 '문학적 경험'에 관한 산문이라고 할 수 없다. 『이해할 차례이다』, 『아름답습니까』로 이어지는 화두, "남성의 여성-되기, 여성의 남성-되기, 인간의 인간-되기"에서 사카모토 유지(坂元裕二)의 〈Mother〉(2010), 봉

* 坂木司, 『女子的生活』, 新潮社, 2016. 사카키 쓰카사, 「여자적 생활」, 『이 집에서 너와』, 김동주 역, 영상미디어(주), 2016. 드라마는 〈女子的生活〉, NHK, 2018.

준호의 〈마더〉(2009)를 보고 어떻게 "남성의 여성-되기"에 대한 실마리를 풀었는지 밝히는 과정이다. "다음 시집에서는 인간의 인간-되기를 확장시키고자 한다. 그것은 나의 인간-되기이기도 하다. 결혼을 할 수 있을 것인가. 이 질문은 다음 질문을 동반한다. 사랑을 할 수 있을 것인가. 엄마가 될 수 있을 것인가. 모르겠다. 그러나 모르는 상태로 둘 수는 없다. 어떤 결론을 내리더라도 최소한 모르는 상태로 두지는 않겠다." 그렇게 마무리하면서 세 번째 시집 제목을『사랑과 시작』으로 정해야겠다고 마음먹었다. 그리고 나는 그 산문에서 답해야 했던 '문학적', '시적', '소설적'이라는 말의 본질과 성격을 시「가장 많은 사람」을 통해 나름대로 풀었다.

'문학적 경험'에 관한 산문 청탁이 대체 무슨 의미여서 그렇게까지 고민하고 풀려고 했는지 궁금한 독자들이 있을 듯하다. 첫 번째 시집『이해할 차례이다』를 발표하고 나서 많이 받은 질문을 정리하면 다음과 같다. 첫 번째, 지금까지의 연애사와 앞으로의 결혼 계획. 두 번째, (활동을 활발하게 한 편은 아니었으므로 등단 작품과 등단 초기의 작품들을 언급하면서) 급격한 작풍 변화는 어려운데 어떻게 가능했냐는 것. 세 번째, 시가 소설 같고, 산문 같고, 논문 같고, 기사 같다는 것. 작품을 향한 질문에 대한 답은 작품으로 할 수밖에 없는데 두 번째 시집『아름답습니까』는 어느 정도까지 답이 되었을까. 세 번째 시집의 방향은 제대로 답하지 못한 부분을 써야 하지 않을까. '시란 무엇인가'에 대한 질문을 시에서 답할 수 있을까. 나는 시인인가. 나는 어떤 시인이란 말인가. 고민하던 시기에 '문학적 경험'에 관한 산문 청탁이 온 것이다. 다시 말해, 나는 '문학적', '시적', '소설적'이라는 말을 고민하고 풀어야만 하는 상황에 있었던 것이다. 그렇다면『사랑과 시작』은 그 고민을 어느 정도까지 풀어냈는가.

『사랑과 시작』은『이해할 차례이다』,『아름답습니까』와는 다른 지점이 있다. 그것은 나의 트레이드마크 중 하나인 각주로 처리된 부분이 없다는 것이다. (단순 인용 각주는 제외한다.) 그 자리를 다른 트레이드마크인 제사를 더 이용하는 것으로 대체했다.

「시의 서브텍스트 읽기: Birth」(『문학선』, 2020년 가을호),「김수영문학상 수상자 "권박" 시인 2부」(팟빵 〈시리얼 문학관〉 2020년 9월 2일) 등 여러 자리에서 문학이라는 장르 특성 상 각주로 처리할 수밖에 없었으나 내가 사용한 각주는 단순 인용이 아니라 ① 또 다른 의식 ② 무의식 ③ 차용과 변주 등으로 쓰이므로 각주가 아님을 밝혀왔다. 「포항+잠실+여의도.hwp→jpg」(『아름답습니까』)에서도 다음과 같이 말한 바 있다. "질문은 실제 인터뷰를 수정했다. 아래의 답변은 또 다른 의식이 답한 것이다. 이는 무한한 의식 중 일부분이다." 정리하면, 나의 시에 대해 나는 "제사로 처리되었다", "본문으로 처리되었다", "각주로 처리되었다" 라고 설명해왔다. 그러나 이러한 설명이 문단과 독자에게 설득력이 있었는지는 의문이었다. 그렇지만 『사랑과 시작』의 실험이 성공적인지에 대해서도 의문이다.

의문만 남긴 것 같지만, 시는 문제에 대한 답을 제시하는 것이 아니라 문제에 대한 답을 풀어나가는 과정이라고 생각하기에, 그런 점에서 본다면 『사랑과 시작』은 명쾌하다. 다음 시집에서는 풀지 못한 사랑에 도착할 수 있을까.

발문

자유를 꿈꾸는 형식주의자

김주원(문학평론가)

권박의 시는 할 말이 많다. 그의 시에는 보통 여러 개의 각주가 붙는다. 시가 하는 말을 보충하고 보증하려는 각주는 권박 시의 일부이다. 보고서나 논문에서 사용되는 각주를 권박의 시는 자신의 방법론으로 삼는다. 그것은 가장 비시적인 요소이지만 객관적 사실을 증명하기보다 시적 진실을 위해 활용된다. 진실은 사회적 통념이나 사실보다 더 정직하다. 권박의 화자들은 거리낌 없이 자신이 경험과 느낌을 말한다. 자신에게 솔직하고 타자에게 정직하기 때문에 권박의 시는 "이해"(『이해할 차례이다』)와 "아름다움"(『아름답습니까』)이 얼마나 복잡한 과정인지, 그 말에 가려져 있는 모순과 실상을 붙잡고 질문한다.

시인 권박은 좋은 시는 형식도 새로워야 한다는 것을

보여준다. 『사랑과 시작』은 지금까지의 시집과 달리 각주가 거의 없지만 다양한 실험으로 채워져 있다. 시의 내용을 만나기도 전에 독자들은 어떤 형식을 먼저 마주하게 된다. 일부러 글자 수를 맞춰 쓴 문장들이 많고 쉼표와 문장의 형식이 깨진 말들이 반복된다. 자유시를 근간으로 하는 현대시는 형식적으로 자유롭다. 연과 행이 있지만 그러한 구분 역시 자의적이다. 하지만 권박의 시는 형식적으로 자유로운 현대시에 자신만의 형식을 부여한다. 각주만 해도 그렇다. 현대시는 각주를 붙이든 사진을 붙이든 구애받지 않지만 그렇다고 정형화된 형식을 선호하지 않는다. 그런데 권박의 시는 시와 어울리지 않는 형식을 골라 정제된 형식을 만들고 의미를 생성한다.

『사랑과 시작』에서 각운을 맞추듯 편성된 문장들은 일정한 규칙과 형식을 따라 움직인다. 그러면서도 시적인 의미를 수월하게 성취한다. 예를 들어 「가장 많은 사람」에서 "어느 새벽, 잠이 보여준다./뽑힌 눈알들, 우물 안이다", "우물 안/서울 밖"은 글자 수 규칙이 적용된 쉬운 예에 속할 것이다. 이 시는 '가장 많은 사람'이라는 다수성의 횡포가 어떻게 일상의 미시적인 차원에서 일어나는지 보여준다. 포항 출신인 '나'는 새벽을 뜻하는 경남지역 방언인 '개베'의 느낌을 안다는 이유로 시골 사람이 되어버린다. 그 사실과 연루되어 '나'는 평소에도 알아듣지 못하는 말을 하는 사람이라고 낙인찍힌다. 이런 식의 오해는 개인들 사이의 문제로 끝나지 않는다. '나'는 중학교 2학년 때 강원도에서 전학 온 남자애가 같은 반 남자애들에게 얻어맞고 여자애들도 이를 알면서 묵인했던 일을 전한다. 여기에는 특별한 이유가 없다. 당시 도덕 교과서에 실린 북한 사진에 그 애와 비슷해 보이는 사람이 있었다는 것이 유일한 단서다. 그 이야기를 들은 상대는 그럴 만한 이유가 있었을 거라고 대수롭지 않게 넘긴다. 그러면서 자기 학교에는 그런 일이 없었다고 확신한다.

이 시의 대화들은 우리가 어떻게 자신과 다른 사람을 모욕하고 낙인찍는지를 세밀하게 보여준다. '가장 많은 사람'의 생각은 '가장 적은 사람'에게 폭력이 된다. 특정 지역, 집단 출신이라는 이유로 차별을 정당화하는 것이다. 그것이 얼마나 자동화된 반응인지는 "산타바바라 해변"을 떠올리면 된다. "산타바바라 해변" 하면 저절로 떠오르는 아름다운 풍경과 명물(名物)처럼 우리는

"그런 여름감정. 그런 지역감정"을 갖고 있다. 이 시가 '출신'을 문제 삼는 것은 단순히 고향을 하나의 장소로 말할 수 없는 사람들 때문만은 아니다. 더 근본적인 문제는 다른 사람들을 볼 때 "확산되는 알 수 없는 기분"의 출처를 우리가 결코 알 수 없다는 사실이다. 그래서 조심해야 한다. 그런 기분은 언제든 "불쏘시개 역할"과 "꺼지지 않는 바람"처럼 사람들 사이를 휘젓고 들끓게 할 테니까 ("불타는 캘리포니아"와 "포항. 잇단 산불"은 실제 발생한 대형 화재였다).

"뽑힌 눈알들, 우물 안이다", "우물 안/서울 밖"을 비롯해 시집에서 반복되는 시구들은 유희적이며 유의미하다. 낙인찍기가 "뽑힌 눈알들"인 이유는 언제든 특정한 기준을 내세워 다른 모든 특성들을 지워버리기 때문이다. 그것은 보고 있어도 보지 못하는 눈이다. 제대로 보지 못하기 때문에 스스로 '우물 안'에 갇힌다. '우물 안'에 있으면 '서울 밖'을 보지 못한다. '새벽'이라는 표준어만 알고 '개베'를 전혀 모르듯이, "가장 많은 사람은 외면한다". 권박의 이번 시집에서 등장하는 청계천, 동물원, 대사관, 통계청, 요양원 등은 우리 삶을 규정하는 장소이자 형식이다. 이 장소들 역시 '산타바바라 해변'처럼 익숙한 인식 속에 갇혀 있다.

「통계청」은 현재 한국 사회의 1인 가구와 물가 상승률, 취업과 혼인에 관한 인구학적 통계가 나온다. 통계는 개인들을 어림잡아 수치화한 데이터라서 진지한 읽기자료라고 할 수는 없다. 하지만 통계는 당신과 무관한 숫자인가. 이 시는 통계만으로 개인의 "발달된 고독"과 "이동", "고립", "고유한 가치"를 읽어낸다. "당신도/구성된 인간"인데 그 동안 통계를 "열심히 오독"한 것은 아닌가. 권박의 시에서 통계는 사람들의 외로움과 사랑, 고통을 상상할 수 있는 가장 문학적인 자료가 된다. 권박 시의 화자는 우리가 잘 알고 있는 공적인 세계에서 가장 개인적인 감정을 끌어낸다.「대사관」은 공식적이면서 비공식적이라는 이중의 표상을 지닌다. 대사관은 국적과 망명, 부정과 긍정, 보안과 도청을 주관한다. 동시에 한 사람의 운명과 그 사람이 떠나온 곳의 익숙함, 사랑에까지 관여한다. 이때 대사관은 우리 내면의 다양한 활동을 보여주는 공간과 같다. 권박 시에서 공공기관들은 뜻밖에도 개인의 존재와 행복, 가치들과 연결되는 것이다. 그런 의미에서 우리는 대사관이 하는 일을 "알고 있다. 그러나 모르는 일이다." 권박 시는 이처럼 가장 비시적인 대상 속에서 가장 시적인 진실을 찾아내는 데 탁월하다. 그곳에서 개인은 사회와 분리될 수 없다. 통상적인 개인과 사회의 이분법은 그의 시에서 무화되기 때문이다.

『사랑과 시작』의 시들은 문장들의 규칙과 형식 때문에 마치 크고 작은 상자들처럼 배열되어 있다. 현대시지만 시조나 하이쿠처럼 형식을 의식한다. 이는 1960년대 프랑스의 실험 문학 그룹 울리포(OuLiPo)가 제약과 규칙을 문학의 동력으로 삼았던 것을 연상시킨다. 단어나 문장, 글의 알파벳 철자를 해체하고 재조립하기, 쉼표와 구두점 없이 글쓰기, 정형시의 다양한 응용, 음보율 등이 이들의 실험 내용이었다. 형식과 규칙은 단순하고 따분한 것이 아니다. 이 그룹의 모토가 된 "빠져나갈 작정으로 그 스스로 미로를 만드는 한 마리 쥐"(레몽 크노)는 스스로 자처한 제약과 형식 속에서 최대한의 자유를 구가하려는 미학적 욕망이 담겨 있다. 그것은 마치 하이쿠가 엄격한 형식 속에서 정신의 자유에 도달하는 기예가 되는 것과 유사하다. 권박의 시는 한국어라는 조건 속에서 이러한 형식적 미학을 만든다. 그는 스스로 만든 규칙으로 자신의 길을 찾는 형식주의자다. 루빅스 큐브처럼 손으로 이리저리 돌려가며 맞추는 놀이와 같은 시를 상상해보라. 그러나 안타깝게도 이 시들이 번역되면 한국어의 독특한 형식미는 사라지고 말 것이다(울리포의 멤버였던 프랑스 소설가 조르주 페렉이 모음 'e'를 쓰지 않고 쓴 소설의 실험이 번역과 함께 사라지듯이). 규칙과 형식의 제약이 권박의 시에서는 놀이와 같다. 놀랍게도 그 형식 속에서 우리는 새로운 자유를 만나게 된다. 삶을 규정하는 집단적 표상들이 사실은 우리가 모르는 우리의 모습이라서, 기존의 인식과 이름에 갇히지 않는 자유 말이다.

권박의 시는 멀리서 시작한다. 비개인적 장소들, 각주들, 문법의 규칙과 제약들은 보통의 시에서는 다소 낯선 것들이다. 그의 시는 한국어가 할 수 있는 최대한의 형식 실험을 통해 기존의 관념과 인식에서 탈피한다. 지금 이 시대에 이상(李箱)이 살아 있다면 이런 시를 쓰지 않을까. 당시 독자들이 이상을 알아보지 못한 것처럼 우리는 권박을 알아보지 못하고 있는 것은 아닐까. 이 시집의 「시인 에세이」에서 권박 시인은 '문학적', '시적'이라는 말의 의미를 고민하고 있다. 좋은 시는 내용뿐 아니라 형식까지 새로운 것이다. 권박의 시는 이미 충분히 문학적이고 시적이다.

권박에 대하여

권박은 이 시집을 소란한 선문답이 오가는 다공질(多孔質)의 광장으로 만들어냈다. 여기에선 누군가 부르면 '응' 하고 답하고 또 부르면 또 다정하게 답하면서 대화가 이어진다. 시집을 읽으며 무수하게 갈래를 뻗어가는 관점들, 어떤 것은 무슨 의미인지 알쏭달쏭하기도 한 이런저런 화두들과 마주하게 된다. 이를 통해 우리는 존재의 아름다움이란 붙박인 상태에 대한 명징한 서술이 아니라 멍투성이, 피투성이가 되어서도 유유하게 흘러가는 넉넉한 자세를 일컫는 것임을 알게 된다. 해서 익숙하지 않은 소통 방식에 조금은 고단해진 마음으로 생각하게 된다. 그래도 이런 대화가 더 많아졌으면 좋겠다고, 불쾌하고 불편하지만, 더 인간답고 아름다워진 느낌을 주는 실패의, 공공의, 소통의 시가.

안지영, 「실패의, 공공의, 소통의 시:
권박, 『아름답습니까』(문학과지성사, 2021)」,
문학과사회(2022년 봄호).

권박 시인이 두 번째 시집 『아름답습니까』에서 "문학은 실패다"(「시인의 말」 참조)라고 단언한 것도 권박 시인에게 있어서는 어쩌면 당연한 수순이다. 권박 시인은 도서관 시인이라 불리는 혐의를 안고, 자신의 시를 학문과 창작 사이에 낯선 교두보를 얹은 백과사전식 창호(窓戶)로 사용하고 있지만, 정작 시인의 '정처 없음'(부재한 정통성)을 실현해 보이는 현상이라 말할 수밖에 없다. 요컨대 시인이 가멸차게 언명한 "문학은 실패다"라는 (극단적) 표현은 '실패한 문학' 혹은 '실패할 문학'에 대한 지독한 자기염결성을 내비친 표현이라 할 수 있다. 문단의 이단아적인 이 발언은 권박 시인이 문학에 던지는 도전이자, 새로운 문학에의 갈구를 향한 시인의 지독한 탐색에 다름 아니다. "실패"라는 말의 저의(底意)에는 시인이 밝히고 있는 것처럼 "실패의 방법을 정리하고 실패의 방향을 제시하고자" 하는 '새로운 문학'에 거는 기대와 '새로운 기법'을 찾아 나서는 시적 욕망을 시인이 환기하고자 한 것임을 알 수 있다.

전해수, 「'실패'의 문학과 그 너머의 이야기」, 현대시(2022년 3월호).

그의 시들을 나는 어디에서도 읽은 적이 없었다. 읽은 적이 있는 것 같은 그런 기분, 모종의 기시감 같은 것도 전혀 없었다. 누굴까? 그의 시는 의식의 첨단에서 '모르는 길'을 마구마구 찌르며 나아가고 있었다. 2019년 한국에서 메리 셸리와 이상이 시의 몸으로 만났다. 그는 도서관 시인이면서 내장(內臟)과 무의식의 시인이다. 페미니즘과 초현실주의가 만나 폭죽을 터뜨리고, 정치적인 것과 시적인 것이 새로운 포옹법을 실험한다. 그의 시에서 이 모든 것들이 서로를 교차할 때, 예상치 못한 것, 예외적이고 괴물 같은 것이 불쑥불쑥 튀어나온다. 그 '이름 붙일 수 없는 것들'이 그를 '새로운 시인'이라고 불렀다.

김행숙, 2019년 제 38회 〈김수영문학상〉 심사평 중에서

K-포엣

사랑과 시작

2023년 9월 25일 초판 1쇄 발행

지은이 권 박
펴낸이 김재범
인쇄·제책 굿에그커뮤니케이션
종이 한솔PNS
펴낸곳 (주)아시아
출판등록 2006년 1월 27일 제406-2006-000004호
주소 경기도 파주시 회동길 445 (서울 사무소: 서울특별시 동작구 서달로 161-1, 3층)
전화 02.3280.5058
팩스 070.7611.2505
홈페이지 www.bookasia.org
전자우편 bookasia@hanmail.net

ISBN 979-11-5662-317-5 (set) | 979-11-5662-643-5 (04810)
값은 뒤표지에 있습니다.

바이링궐 에디션 한국 대표 소설

한국문학의 가장 중요하고 첨예한 문제의식을 가진 작가들의 대표작을 주제별로 선정!
하버드 한국학 연구원 및 세계 각국의 한국문학 전문 번역진이 참여한 번역 시리즈!
미국 하버드대학교와 컬럼비아대학교 동아시아학과, 캐나다 브리티시컬럼비아대학교 아시아학과 등 해외 대학에서 교재로 채택!

바이링궐 에디션 한국 대표 소설 set 1

분단 Division

01 병신과 머저리-**이청준** The Wounded-**Yi Cheong-jun**
02 어둠의 혼-**김원일** Soul of Darkness-**Kim Won-il**
03 순이삼촌-**현기영** Sun-i Samch'on-**Hyun Ki-young**
04 엄마의 말뚝 1-**박완서** Mother's Stake I-**Park Wan-suh**
05 유형의 땅-**조정래** The Land of the Banished-**Jo Jung-rae**

산업화 Industrialization

06 무진기행-**김승옥** Record of a Journey to Mujin-**Kim Seung-ok**
07 삼포 가는 길-**황석영** The Road to Sampo-**Hwang Sok-yong**
08 아홉 켤레의 구두로 남은 사내-**윤흥길** The Man Who Was Left as Nine Pairs of Shoes-**Yun Heung-gil**
09 돌아온 우리의 친구-**신상웅** Our Friend's Homecoming-**Shin Sang-ung**
10 원미동 시인-**양귀자** The Poet of Wŏnmi-dong-**Yang Kwi-ja**

여성 Women

11 중국인 거리-**오정희** Chinatown-**Oh Jung-hee**
12 풍금이 있던 자리-**신경숙** The Place Where the Harmonium Was-**Shin Kyung-sook**
13 하나코는 없다-**최윤** The Last of Hanak'o-**Ch'oe Yun**
14 인간에 대한 예의-**공지영** Human Decency-**Gong Ji-young**
15 빈처-**은희경** Poor Man's Wife-**Eun Hee-kyung**

바이링궐 에디션 한국 대표 소설 set 2

자유 Liberty

16 필론의 돼지-**이문열** Pilon's Pig-**Yi Mun-yol**
17 슬로우 불릿-**이대환** Slow Bullet-**Lee Dae-hwan**
18 직선과 독가스-**임철우** Straight Lines and Poison Gas-**Lim Chul-woo**
19 깃발-**홍희담** The Flag-**Hong Hee-dam**
20 새벽 출정-**방현석** Off to Battle at Dawn-**Bang Hyeon-seok**

사랑과 연애 Love and Love Affairs

21 별을 사랑하는 마음으로-**윤후명** With the Love for the Stars-**Yun Hu-myong**
22 목련공원-**이승우** Magnolia Park-**Lee Seung-u**
23 칼에 찔린 자국-**김인숙** Stab-**Kim In-suk**
24 회복하는 인간-**한강** Convalescence-**Han Kang**
25 트렁크-**정이현** In the Trunk-**Jeong Yi-hyun**

남과 북 South and North

26 판문점-**이호철** Panmunjom-**Yi Ho-chol**
27 수난 이대-**하근찬** The Suffering of Two Generations-**Ha Geun-chan**
28 분지-**남정현** Land of Excrement-**Nam Jung-hyun**
29 봄 실상사-**정도상** Spring at Silsangsa Temple-**Jeong Do-sang**
30 은행나무 사랑-**김하기** Gingko Love-**Kim Ha-kee**

바이링궐 에디션 한국 대표 소설 set 3

서울 Seoul

31 눈사람 속의 검은 항아리-**김소진** The Dark Jar within the Snowman-**Kim So-jin**
32 오후, 가로지르다-**하성란** Traversing Afternoon-**Ha Seong-nan**
33 나는 봉천동에 산다-**조경란** I Live in Bongcheon-dong-**Jo Kyung-ran**
34 그렇습니까? 기린입니다-**박민규** Is That So? I'm A Giraffe-**Park Min-gyu**
35 성탄특선-**김애란** Christmas Specials-**Kim Ae-ran**

전통 Tradition

36 무자년의 가을 사흘-**서정인** Three Days of Autumn, 1948-**Su Jung-in**
37 유자소전-**이문구** A Brief Biography of Yuja-**Yi Mun-gu**
38 향기로운 우물 이야기-**박범신** The Fragrant Well-**Park Bum-shin**
39 월행-**송기원** A Journey under the Moonlight-**Song Ki-won**
40 협죽도 그늘 아래-**성석제** In the Shade of the Oleander-**Song Sok-ze**

아방가르드 Avant-garde

41 아겔다마-**박상륭** Akeldama-**Park Sang-ryoong**
42 내 영혼의 우물-**최인석** A Well in My Soul-**Choi In-seok**
43 당신에 대해서-**이인성** On You-**Yi In-seong**
44 회색 時-**배수아** Time In Gray-**Bae Su-ah**
45 브라운 부인-**정영문** Mrs. Brown-**Jung Young-moon**

바이링궐 에디션 한국 대표 소설 set 4

디아스포라 Diaspora

46 속옷-**김남일** Underwear-**Kim Nam-il**
47 상하이에 두고 온 사람들-**공선옥** People I Left in Shanghai-**Gong Sun-ok**
48 모두에게 복된 새해-**김연수** Happy New Year to Everyone-**Kim Yeon-su**
49 코끼리-**김재영** The Elephant-**Kim Jae-young**
50 먼지별-**이경** Dust Star-**Lee Kyung**

가족 Family

51 혜자의 눈꽃-**천승세** Hye-ja's Snow-Flowers-**Chun Seung-sei**
52 아베의 가족-**전상국** Ahbe's Family-**Jeon Sang-guk**
53 문 앞에서-**이동하** Outside the Door-**Lee Dong-ha**
54 그리고, 축제-**이혜경** And Then the Festival-**Lee Hye-kyung**
55 봄밤-**권여선** Spring Night-**Kwon Yeo-sun**

유머 Humor

56 오늘의 운세-**한창훈** Today's Fortune-**Han Chang-hoon**
57 새-**전성태** Bird-**Jeon Sung-tae**
58 밀수록 다시 가까워지는-**이기호** So Far, and Yet So Near-**Lee Ki-ho**
59 유리방패-**김중혁** The Glass Shield-**Kim Jung-hyuk**
60 전당포를 찾아서-**김종광** The Pawnshop Chase-**Kim Chong-kwang**

바이링궐 에디션 한국 대표 소설 set 5

관계 Relationship

61 도둑견습 – **김주영** Robbery Training-**Kim Joo-young**
62 사랑하라, 희망 없이 – **윤영수** Love, Hopelessly-**Yun Young-su**
63 봄날 오후, 과부 셋 – **정지아** Spring Afternoon, Three Widows-**Jeong Ji-a**
64 유턴 지점에 보물지도를 묻다 - **윤성희** Burying a Treasure Map at the U-turn-**Yoon Sung-hee**
65 쁘이거나 쯔이거나 - **백가흠** Puy, Thuy, Whatever-**Paik Ga-huim**

일상의 발견 Discovering Everyday Life

66 나는 음식이다 – **오수연** I Am Food-**Oh Soo-yeon**
67 트럭 – **강영숙** Truck-**Kang Young-sook**
68 통조림 공장 - **편혜영** The Canning Factory-**Pyun Hye-young**
69 꽃 – **부희령** Flowers-**Pu Hee-ryoung**
70 피의일요일 – **윤이형** BloodySunday-**Yun I-hyeong**

금기와 욕망 Taboo and Desire

71 북소리 - **송영** Drumbeat-**Song Yong**
72 발칸의 장미를 내게 주었네 - **정미경** He Gave Me Roses of the Balkans-**Jung Mi-kyung**
73 아무도 돌아오지 않는 밤 – **김숨** The Night Nobody Returns Home-**Kim Soom**
74 젓가락여자 – **천운영** Chopstick Woman-**Cheon Un-yeong**
75 아직 일어나지 않은 일 – **김미월** What Has Yet to Happen-**Kim Mi-wol**

바이링궐 에디션 한국 대표 소설 set 6

운명 Fate

76 언니를 놓치다 – **이경자** Losing a Sister-**Lee Kyung-ja**
77 아들 – **윤정모** Father and Son-**Yoon Jung-mo**
78 명두 – **구효서** Relics-**Ku Hyo-seo**
79 모독 – **조세희** Insult-**Cho Se-hui**
80 화요일의 강 – **손홍규** Tuesday River-**Son Hong-gyu**

미의 사제들 Aesthetic Priests

81 고수 – **이외수** Grand Master-**Lee Oisoo**
82 말을 찾아서 – **이순원** Looking for a Horse-**Lee Soon-won**
83 상춘곡 – **윤대녕** Song of Everlasting Spring-**Youn Dae-nyeong**
84 삭매와 자미 – **김별아** Sakmae and Jami-**Kim Byeol-ah**
85 저만치 혼자서 – **김훈** Alone Over There-**Kim Hoon**

식민지의 벌거벗은 자들 The Naked in the Colony

86 감자 – **김동인** Potatoes-**Kim Tong-in**
87 운수 좋은 날 – **현진건** A Lucky Day-**Hyŏn Chin'gŏn**
88 탈출기 – **최서해** Escape-**Ch'oe So-hae**
89 과도기 – **한설야** Transition-**Han Seol-ya**
90 지하촌 – **강경애** The Underground Village-**Kang Kyŏng-ae**

바이링궐 에디션 한국 대표 소설 set 7

백치가 된 식민지 지식인 Colonial Intellectuals Turned "Idiots"

91 날개 – **이상** Wings-**Yi Sang**
92 김 강사와 T 교수 – **유진오** Lecturer Kim and Professor T-**Chin-O Yu**
93 소설가 구보씨의 일일 – **박태원** A Day in the Life of Kubo the Novelist-**Pak Taewon**
94 비 오는 길 – **최명익** Walking in the Rain-**Ch'oe Myŏngik**
95 빛 속에 – **김사량** Into the Light-**Kim Sa-ryang**

한국의 잃어버린 얼굴 Traditional Korea's Lost Faces

96 봄·봄 – **김유정** Spring, Spring–**Kim Yu-jeong**
97 벙어리 삼룡이 – **나도향** Samnyong the Mute–**Na Tohyang**
98 달밤 – **이태준** An Idiot's Delight–**Yi T'ae-jun**
99 사랑손님과 어머니 – **주요섭** Mama and the Boarder–**Chu Yo-sup**
100 갯마을 – **오영수** Seaside Village–**Oh Yeongsu**

해방 전후(前後) Before and After Liberation

101 소망 – **채만식** Juvesenility–**Ch'ae Man-Sik**
102 두 파산 – **염상섭** Two Bankruptcies–**Yom Sang-Seop**
103 풀잎 – **이효석** Leaves of Grass–**Lee Hyo-seok**
104 맥 – **김남천** Barley–**Kim Namch'on**
105 꺼삐딴 리 – **전광용** Kapitan Ri–**Chŏn Kwangyong**

전후(戰後) Korea After the Korean War

106 소나기 – **황순원** The Cloudburst–**Hwang Sun-Won**
107 등신불 – **김동리** Tŭngsin-bul–**Kim Tong-ni**
108 요한 시집 – **장용학** The Poetry of John–**Chang Yong-hak**
109 비 오는 날 – **손창섭** Rainy Days–**Son Chang-sop**
110 오발탄 – **이범선** A Stray Bullet–**Lee Beomseon**